Serie Las Aventuras de Piper
Piper Aprende a Servir
(Libro 2)

Dave Osborn

Serie Las Aventuras de Piper
Piper Aprende a Servir
(Libro 2)
© 2024 Dave Osborn

Adriel Publishing

PRIMERA EDICIÓN

TODOS LOS DERECHOS RESERVADOS. Ninguna parte de este libro puede ser reproducida de forma alguna ni por ningún medio, incluyendo la fotografía, la xerografía, la emisión, la transmisión, la traducción a cualquier idioma o la grabación, sin el permiso por escrito del editor. Los críticos pueden citar pasajes breves en artículos críticos o reseñas.

Impreso en los EE. UU.

Diseño de portado por Book Cover Station

ISBN: 979-8-9900885-8-0

www.DaveOsbornBooks.com

DEDICATORIA

Este libro está dedicado a todos los profesionales de la salud en los miles de centros de atención médica de todo el país, quienes atienden a los pacientes en hospitales, centros de rehabilitación, centros de cuidados paliativos y centros de atención de la memoria. Sus carreras son, ciertamente, una vocación, y los animales de terapia asistida trabajan junto con ellos como compañeros para brindar otro nivel de comodidad y cuidado a sus pacientes y huéspedes.

Se necesitan más animales de terapia, y esperamos que este libro motive a los dueños de animales a investigar y seguir este camino de servicio.

Prólogo para los padres

En **La Jornada de Piper a su Nuevo Hogar**, conté la verdadera historia de cómo encontramos a Piper en las calles y los campos de Harlingen, Texas, cuando era una cachorra callejera. Luego relaté cómo fue su rescate, adopción y recuperación física hasta convertirse en una mascota sana, obediente y completamente socializada.

En **Piper Aprende a Servir**, mi objetivo es explicar cómo ciertos animales (en su mayoría perros) con buen temperamento y habilidades de obediencia, son necesarios en todo el país para las visitas de animales de terapia en hospitales, centros de cuidados paliativos, centros de rehabilitación, escuelas y centros comunitarios. El efecto curativo del contacto personal con animales de terapia especialmente entrenados es notable, está documentado y está creciendo.

Piper y yo ahora somos un "equipo terapéutico". Elegimos Pet Partners como socio de registro porque es de ámbito nacional, tiene un régimen de formación y apoyo formidable y está plenamente comprometido con una mejor salud a través de las Intervenciones Asistidas con Animales, o IAA. Llevar a un animal de terapia asistida a un entorno con pacientes lesionados, enfermos o con problemas, conlleva varios tipos de riesgos, y Pet Partners realiza un excelente trabajo concienciando a los futuros equipos de terapia sobre estos riesgos y capacitándolos para que puedan afrontarlos profesionalmente. Todos los equipos terapéuticos de Pet Partners son voluntarios;

nosotros hacemos este trabajo porque creemos en él, no para recibir un pago.

El proceso de registro de Pet Partners es complejo y agotador. Primero, tuve que tomar un curso de ocho horas en línea, leer el manual de 114 páginas y aprobar la prueba de aptitud. A continuación, tuve que pedir a la Dra. Shelly Mitchell que revisara a Piper una vez más y rellenara la declaración médica jurada para incluirla en el paquete de registro de Piper. Luego encontramos un centro de evaluación, y después de revisar todos los comandos de obediencia que Jaime Benítez de K9 Consultants le enseñó, entramos y fuimos evaluados como equipo. El evaluadornos prestó mucha atención tanto a **mí** como a Piper para asegurarse de que, de hecho, funcionemos como un equipo profesional y que no nos pongamos en riesgo una vez que comencemos a hacer visitas.

Ha sido un proceso largo y desafiante, pero los resultados han valido la pena. Espero que disfrutes de la lectura de **Las Aventuras de Piper Libro 2; Piper Aprende a Servir.**

Dave Osborn

Capítulo 1

¡Ahora soy adulta!

Ya no sufro de hambre, y estoy muy agradecida por eso.

Dave y Marilyn me han cuidado mucho y ahora soy una perra adulta y sana, y ya no una cachorrita enferma y callejera.

Me he hecho amiga de todos los perros de nuestro vecindario, ¡incluso tengo un amigo gato que vive en la casa de al lado!

Me mantengo fuerte con mis caminatas diarias con Dave, ¡y me siento bien! De hecho, estoy tan saludable que la Dra. Shelly le dijo a Dave que necesito bajar 2 kilos. Dave es un gran chef de parrilla, ¡y sus costillas de cerdo son maravillosas!

Como ya soy mayor, Dave quiso empezar mi entrenamiento especial para convertirme en un perro de terapia asistida para ayudar a las personas que necesitan el consuelo que solo puede dar un animal de terapia.

Ya estoy lista para empezar el entrenamiento con Dave y convertirnos en un equipo con perro de terapi. ¡No puedo esperar para comenzar!

Capítulo 2

¡Dave recibe su capacitación y prueba sobre perros de terapia!

El primer paso fue conseguir que Dave fuera aprobado como un "responsable" de animales de terapia capacitado, o alguien que acompaña a un animal de terapia en una visita de terapia.

Dave tomó la capacitación durante varias horas en su computadora ¡y aprobó su examen en el primer intento!

Lo siguiente fue ir a ver a la Dra. Shelly para obtener una aprobación médica para demostrar que estoy sana y en condiciones de desempeñar las funciones de animal de terapia con Dave.

La Dra. Shelly me examinó y me dio su aprobación, y estaba muy contenta porque bajé un poco de peso. ¡Dijo que seré una maravillosa perra de terapia!

Ahora es mi turno de recibir entrenamiento y prepararme para mi evaluación como perra de terapia.

¡Estoy muy emocionada y no puedo esperar!

Capítulo 3

¡Comienzo mi entrenamiento!

Para comenzar mi entrenamiento, Dave y Marilyn me dejaron con Jaime Benítez en **K9 Consultants** durante tres semanas, mientras ellos tomaron unas largas vacaciones.

El trabajo de Jaime consistió en alimentarme, darme refugio, y también enseñarme algunas lecciones de obediencia que necesitaré aprender para mis evaluaciones y mi servicio de terapia.

Me enteré de que recibiré mi entrenamiento según el Plan de Entrenamiento para Perros de Terapia de

Pet Partners, y Dave me dijo que la evaluación sería muy similar a la Prueba de Buen Ciudadano Canino del Club American Kennel.

Dave explicó que "canino" significa perro, y que la parte de "buen ciudadano" consiste en ser capaz de obedecer 10 comandos básicos.

Yo conocía algunos comandos de obediencia que aprendí en el Kínder de Cachorros, así que pensé que sería fácil. Pero me equivoqué, las cosas no salieron como yo pensaba.

Capítulo 4
¡Esto será más difícil de lo que pensé!

Había muchos perros recibiendo entrenamiento en K9 Consultants, ¡tal vez unos 20 en total!

La mayoría de estos perros eran mayores que yo y parecían saber mucho más que yo. Todos parecían muy inteligentes y seguros de sí mismos, y de pronto me puse un poco nerviosa y temerosa de no hacerlo tan bien.

Muchos de estos perros también tenían algo llamado "papeles" que significaba que todos sus padres y abuelos eran de la misma clase de perro.

Todos mis padres y abuelos eran diferentes clases de perros, así que sentí que estos perros probablemente eran mejores que yo.

Mientras que algunos de los perros estaban recibiendo entrenamiento para ser perros de terapia, otros estaban siendo entrenados para ser perros antidrogas para la Patrulla Fronteriza de los Estados Unidos.

Se necesita ser un tipo especial de perro para poder hacer eso, y tienen que ser realmente inteligentes.

Varias veces estos perros elegantes me miraban como diciendo "¿tú qué haces aquí?" Empecé a preguntarme si podría competir con estos perros.

Me enteré de que todos esos perros provenían de

residencias caninas especiales y que comprarlos era caro. Yo provenía de una zanja sucia y tuve suerte de que me llevaran a un hogar para siempre.

¿Cómo podría yo competir con ellos?

Capítulo 5
Mi entrenamiento, primera semana

La primera semana con Jaime no fue fácil. Todos los demás perros parecían ser mucho mejores que yo para recibir órdenes. Había tantos comandos que me costaba recordarlos todos. Afortunadamente, Jaime y su asistente Javier fueron muy pacientes conmigo y siguieron repitiendo los comandos hasta que pude recordar qué hacer.

No quería fallar en mi entrenamiento y decepcionar a Dave y a Marilyn.

Sabía que me conservarían aunque no pasara la prueba, pero temía que renunciaran a continuar mi entrenamiento para el servicio.

Realmente quiero servir, y estaba empezando a tener miedo.

Capítulo 6
Mi entrenamiento, segunda semana

Durante la segunda semana de mi entrenamiento, las cosas mejoraron y pude recordar la mayoría de los comandos.

Jaime y Javier me felicitaron por hacerlo mejor y dijeron que sería una maravillosa perra de terapia.

Me sentí aliviada porque me encantan las personas y realmente quiero ayudar a las personas enfermas, solas o deprimidas.

Me gustan especialmente los niños y espero algún

día poder visitar las escuelas y aulas.

Al final de la segunda semana, me di cuenta de que **realmente quiero** hacer esto, ¡y que **puedo** hacerlo!

Capítulo 7

Comienzo mi evaluación como perro de terapia

Cuando Dave y Marilyn volvieron de su viaje y vinieron a recogerme, Jaime nos hizo a Dave y a mí la prueba de Pet Partners.

Lo primero que tuve que hacer fue acercarme a un desconocido y saludarlo. Eso fue fácil porque me encantan las personas y me encanta conocerlas. Lo que tenía que recordar era no saltar sobre ellos, ¡cosa que me encanta hacer cuando saludo a la gente! Jaime dijo que soy demasiado grande para hacer eso ¡y que podría derribar a la gente si lo hago! ¡No está bien!

Lo siguiente que tuve que hacer fue sentarme educadamente para que me acariciaran. Eso fue fácil porque aprendí a hacerlo en el Kínder de Cachorros, y

Dave me hace sentar todas las noches y me acaricia mientras me prepara la cena.

Jaime también estaba evaluando a Dave y le prestaba tanta atención como a mí. De hecho, por cada paso que realizábamos le estaba dando a Dave una puntuación, ¡igual que a mí!

A continuación, Jaime inspeccionó mi aseo y aspecto, lo que también fue fácil, ya que me baño todos los fines de semana y Dave me recorta y cepilla el pelo todas las semanas ¡para que esté reluciente!

Luego caminé junto con Dave con mi correa puesta, por toda el área de entrenamiento. Creo que lo hice demasiado rápido, porque Jaime seguía diciéndome que caminara más despacio.

Bajé la velocidad y caminé justo al lado de Dave, y entonces Jaime me dio un "¡pulgar arriba!"

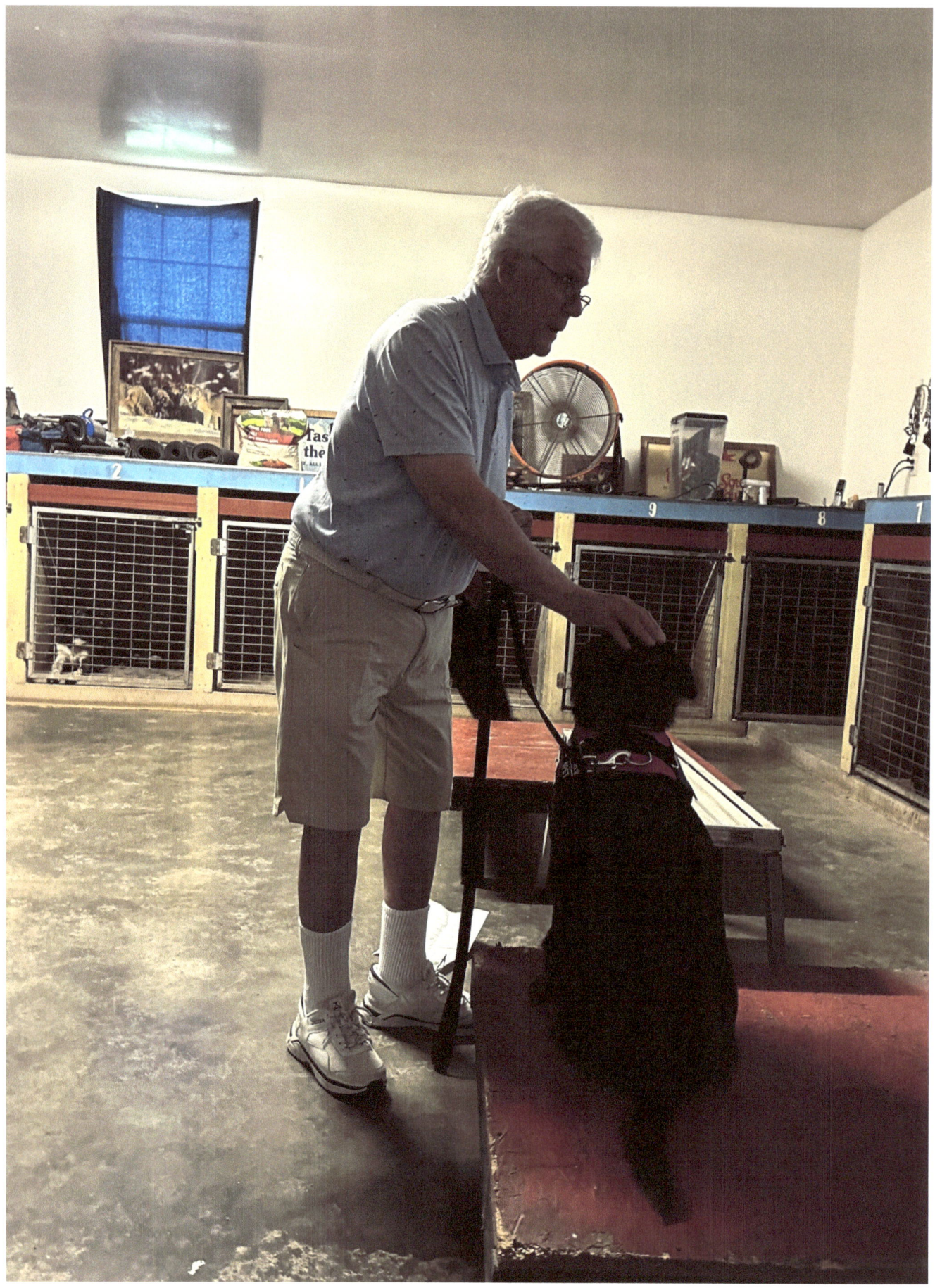

Capítulo 8
¡Mi prueba sale bien!

Lo siguiente que tuve que hacer fue caminar entre la multitud y quedarme con Dave. Mientras caminaba entre la multitud con Dave, vi a muchas personas y cosas interesantes. Creo que fui más lento de lo que Jaime quería, pero él solo me sonrió.

Después de eso tuve que ir a "sentarme" y "agacharme" de nuevo, lo cual fue fácil porque Dave me hace hacer eso todos los días.

Entonces Dave tuvo que alejarse a unos cinco

metros de mí y llamarme para que fuera hacia él. Yo no estaba prestando atención y tardé un poco en responder, así que Jaime me hizo repetir este paso. La siguiente vez que Dave me llamó, fui de inmediato y ¡logré realizar este paso correctamente!

El siguiente paso fue juzgar mi reacción ante otros perros que conocí mientras trabajaba.

Esto no es fácil para mí porque nunca sé cómo actuar con perros que no conozco. ¿Serán amistosos? ¿Intentarán hacerme daño? Espero no haber sido demasiado tímida, pero debo tener cuidado.

Luego Javier empezó a dejar caer sartenes, herramientas y escobas,

haciendo un montón de ruidos repentinos. Jaime le explicó a Dave que esta parte de la prueba era para ver cómo respondía a varios ruidos fuertes.

No hice casi nada, el ruido simplemente no me molestó. Jaime volvió a sonreír y dijo que lo había hecho ¡muy bien!

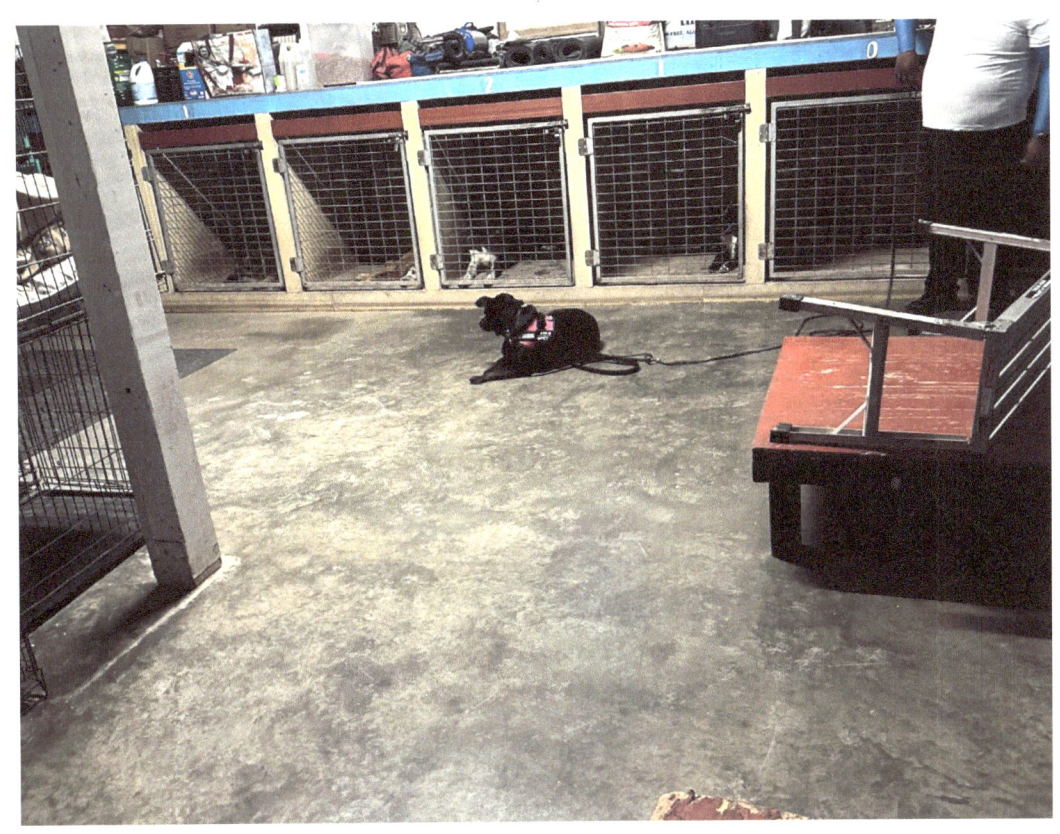

El último paso fue que Dave me hiciera esperarlo y yo no debía moverme hasta que él volviera. Esto era algo nuevo y me costaba mucho saber qué hacer. Dave se fue casi tres minutos, pero cuando volvió yo estaba justo donde me dejó.

Capítulo 9

¡Pasamos la prueba!

Entonces el único paso que tuve que repetir fue la parte en la que tenía que acudir cuando me llamaran.

Presté atención a Dave y lo hice bien la segunda vez.

A continuación, Jaime miró a Dave y le dijo: "¡Tú y Piper aprobaron la Evaluación de Equipo de Perros de Terapia de Pet Partners!""

Me sentí tan aliviada y feliz de no decepcionar a Dave y a Marilyn, y de estar cada vez más cerca de hacer aquello para lo que creo que nací: ¡ayudar a las personas!

Esa misma semana, Dave envió la documentación a Pet Partners para registrarnos como equipo de terapia.

¡Ahora tenemos que encontrar a alguien que nos dé la oportunidad de ser un equipo de terapia!

Pet Partners Volunteer Registration Card

Registration Type: Handler Team Registration

Handler Name: Dave Osborn

Animal Name: Piper

Team Qualification Rating: Predictable

Special Qualifications, if any: none

Team Expiration Date: August 19, 2026

Capítulo 10

Ahora, ¡nuestras visitas terapéuticas!

El siguiente paso en nuestro plan fue encontrar lugares que quieran que los equipos de terapia vayan a visitar a sus pacientes y huéspedes.

Pet Partners ofrece dos niveles de registro de animales de terapia asistida, uno es para lugares tranquilos y con mucha participación del personal, como residencias de ancianos y centros de rehabilitación.

El otro nivel de registro es para lugares ruidosos y concurridos como hospitales y escuelas.

Dave y yo empezaremos primero con visitas a lugares tranquilos. Después de haber tenido alguna experiencia con pacientes, podremos comenzar a ir a escuelas y hospitales que quieren y permiten las terapias con animales.

Hay muchos centros de rehabilitación, centros de cuidados paliativos para personas muy enfermas, centros de jubilación y centros de atención a la memoria donde vivimos en el Valle del Río Grande en el sur de Texas.

¡Tendremos muchas oportunidades para visitar a personas que nos necesitan!

Hay tantas cosas emocionantes que Dave y yo veremos. También conoceremos a algunas personas increíbles durante nuestras visitas de terapia, ¡pero esa será otra historia!

Dave Osborn

Como director ejecutivo de tecnología jubilado, Dave sigue su pasión de toda la vida por la escritura y tiene varios proyectos en mente para futuras publicaciones en línea y fuera de línea. También le apasionan los perros, así que asegúrate de buscar más de sus libros sobre sus aventuras con Piper, su compañera y perra de rescate.

Dave también forma parte de la Junta Directiva de la Sociedad Americana de Perros.

Uno de sus pasatiempos favoritos es navegar, y tiene certificaciones de navegación tanto en EE. UU. como internacionalmente. Dave también disfruta de las actividades del sur de Texas como la cacería de aves y la pesca en la bahía, y es un ávido maestro de la parrilla. Además, es aficionado a la música bluegrass y le gusta tocar el piano, la guitarra, el bajo y el banjo de cinco cuerdas.

Dave tiene una licenciatura en Ciencias de la Universidad Estatal Stephen F. Austin en Nacogdoches, Texas y una Maestría en Administración de Empresas de la Universidad Cristiana de Texas en Fort Worth, Texas.

Reside en Harlingen, Texas, con su esposa Marilyn y su perra de rescate, y ahora de terapia, Piper. Tienen dos hijos adultos y dos nietos que residen en el área metropolitana de Houston.

Agradecimientos del autor

Una vez más, mientras mi nombre está en la portada, tengo una gran deuda de gratitud con:

- Marilyn Osborn, ex profesora de inglés de nivel superior y más tarde Decana de Estudiantes y Directora de Escuela, por su ayuda en el entrenamiento de Piper y su apoyo. También es una gran editora que ayudó con la estructura de las oraciones y la retórica en general.

- Jaime Osborn, maestra de primer grado y extraordinaria especialista en lectura, por su ayuda en la nivelación de **Piper Aprende a Servir** al nivel de lectura de finales de 3ero. / principios de 4to. grado. Esto incluye vocabulario, estructura de frases y sintaxis.

- Matt y Dara Osborn, por sus continuas revisiones, apoyo y sugerencias de edición.

- Jaime Benítez, propietario de K9 Consultants, y su asistente Javier Lerna, por su excelente atención durante el hospedaje de Piper y el gran trabajo de entrenamiento que realizaron con Piper.

- Dra. Shelly Mitchell, la maravillosa veterinaria de Piper, que siempre le brinda a Piper una buena atención médica y apoyo.

- Pet Partners, Bellevue, Washington, por sus excelentes programas de entrenamiento y apoyo organizativo.

- Y, por supuesto, Piper Osborn, ahora conocida como Lady Piper de Retama, ¡la mejor perra del mundo!

Referencias

Se hace referencia a la Prueba de Buen Ciudadano Canino del American Kennel Club.

Encuentre más información específica disponible en el sitio web de AKC en:

https://www.akc.org/expert-advice/training/step-step-cgc-training/

Además, se menciona a Pet Partners como patrocinador de animales de terapia. Puede encontrar más información disponible sobre Pet Partners en su sitio web en:

https://petpartners.org/

www.ingramcontent.com/pod-product-compliance
Lightning Source LLC
Chambersburg PA
CBHW040725060526
44119CB00083B/335